Sina Nuêmo

Kinderhoroskop für die Zweitgeborene

Sina Nuêmo

Kinderhoroskop für die Zweitgeborene

visionäre Forscherin mit Erfindungsgabe und Scharfsinn

Goldene Rakete Verlag für Belletristik

Imprint
Any brand names and product names mentioned in this book are subject to trademark, brand or patent protection and are trademarks or registered trademarks of their respective holders. The use of brand names, product names, common names, trade names, product descriptions etc. even without a particular marking in this work is in no way to be construed to mean that such names may be regarded as unrestricted in respect of trademark and brand protection legislation and could thus be used by anyone.

Cover image: www.ingimage.com

Publisher:
Goldene Rakete Verlag für Belletristik
is a trademark of
International Book Market Service Ltd., member of OmniScriptum Publishing Group
17 Meldrum Street, Beau Bassin 71504, Mauritius

Printed at: see last page
ISBN: 978-620-2-44455-2

Inhaltsverzeichnis[1]:

[1] Vgl. Liz Green und Astrodienst AG.

I. Der psychologische Typus Ihres Kindes

1. Ein stark phantasiebetontes Wesen

Sie wird sich vermutlich zu einer echten Romantikerin entwickeln. Ihr Wesen ist besonders stark phantasiebetont, und vielleicht zeigt sie schon in frühester Kindheit die Neigung, das eine oder andere Theater aufzuführen, einfach weil das gewöhnliche Leben so langweilig ist. Möglicherweise stellen Sie fest, dass sie es gut und oft versteht, Zornesausbrüche, Wutanfälle und dramatisches Beleidigtsein herbeizuführen. Sie ist ein Kind, das schon von klein auf gegen Grenzen rebellieren wird – selben gegen die Grenzen ihres eigenen kleinen Körpers. Ihr Wille ist feurig und stark, und wenn sie etwas will, so will sie es sofort. Geduld wird wohl niemals zu ihren besonderen Stärken gehören. Eine der großen Gaben ihres Temperaments dagegen ist ihr im höchsten Maße kreativer Geist, der sich aus dem Dramatischen, der Buntheit und der Abwechslung nährt. Vermutlich wird sie ihre Willenskraft schon dadurch unter Beweis stellen, dass sie sich weigert, sich an vorgegebene Essens- und Schlafenszeiten zu halten. Das mag Sie zu dem Verdacht führen, dass etwas Widersinniges in ihr steckt, und damit hätten Sie auch gewissermaßen recht. Sie erprobt bereits ihre Kräfte, bevor sie in eine Welt tritt, die ihr immer etwas zu klein und banal erscheinen wird. Für sie wird das Morgen mit all seinen erdenklichen, aufregenden Möglichkeiten stets interessanter sein als das langweilige, immer gleiche Heute. Sie wird mit alarmierender Geschwindigkeit über Spielzeug, Bücher und andere Kinder hinauswachsen, doch ist dies keine Herzlosigkeit oder mangelnde Anteilnahme, sondern der Ausdruck einer lebhaften inneren Welt, die ständig neue zukünftige Möglichkeiten hervorbringt. Vorfreude ist für sie die größte Freude. Stellt sich die

Wirklichkeit dann ein, so wird sie meist schnell zugunsten der nächten künftigen Möglichkeit beiseitegelassen.

Die lebhafte Phantasie, die eine so bemerkenswerte Begabung ihres Wesens ist, sollte nie unterdrückt oder lächerlich gemacht werden – auch wenn Eltern und andere Familienmitglieder prosaischere Anforderungen an sie haben. Besonders ihr starkes Interesse für die verborgene Seite des Lebens – Träume, Geister, seltsame Vorstellungen über andere Menschen und die Zukunft – könnte überraschend für Sie sein; doch es ist sehr wichtig, dass diese Wahrnehmungen Gehör finden, selbst wenn sie Ihnen manchmal etwas merkwürdig vorkommen mögen. Auch Geschichten und Filme sind vermutlich faszinierend für sie – je ungewöhnlicher und exotischer, desto besser. Sie besitzt eine echte intuitive Begabung, mit der sie an der gewöhnlichen Welt des Gegenständlichen vorbei in die innere Welt der Psyche blicken kann. Da diese Gabe sehr stark mit einem kreativen Talent und dem Bedürfnis nach Selbstausdruck verbunden ist, darf sie in der Kindheit nicht unterdrückt werden, denn das würde später im Leben viele Schmerzen und Frustrationen nach sich ziehen. Sie kann für andere gelegentlich sehr störend sein, denn sie durchschaut jede Verstellung auf geradezu unheimliche Weise. Vielleicht ist sie sich der emotionalen Strömungen unter der Oberfläche außerordentlich deutlich bewusst, die innerhalb der Familie unerkannt bestehen mögen, und möglicherweise spiegelt sich diese intuitive Wahrnehmung in Alpträumen, körperlichen Symptomen wie Hautrötungen oder Magenverstimmungen oder in unerklärlichen Angstzuständen. Angesichts dieser überaus starken intuitiven Begabung ist es wichtig, dass sie im Laufe ihrer Entwicklung dazu angeregt wird, diese Fähigkeit zu verstehen und einen vertrauensvollen Umgang damit zu erlernen. In der frühen Kindheit lässt diese Fähigkeit sie vielleicht einfach als schwierig oder temperamentvoll erscheinen. Später dann und bis ins Erwachsenenalter kann sie zu einer Quelle großer kreativer Kraft und Einsicht werden und ihr darüber hinaus ein Gefühl der Geborgenheit in sich selbst vermitteln.

2. Gegen materielle Grenzen anrennen

Die Welt der Phantasie und der Vorstellungen ist ihr wahres Zuhause, und deshalb könnte sie bestimmte Schwierigkeiten im Verhältnis zu ihrer materiellen Umgebung zeigen. Möglicherweise besteht eine gewisse Neigung zu ungenauer oder schlecht koordinierten Bewegungen, aber nicht etwa aufgrund einer angeborenen Unbeholfenheit, sondern weil ihre Vorstellungskraft ihrem Körper stets vorauseilt. In ihrer Vorstellung kann sie bereits gehen, auf Bäume klettern, tanzen und alles Mögliche machen. Die nötige Mühe und Anstrengung, um Hände und Füße dazu zu bringen, diesen lebhaften Vorstellungen zu folgen, kann sie manchmal sehr wütend und ungeduldig werden lassen.

Im Laufe seines Heranwachsens braucht dieses Kind sanfte, aber konsequente Einschränkungen, denn sein mächtiger Wille muss den Grenzen der Realität angepasst werden, ohne dass man ihn einschüchtert, untergräbt oder hart diszipliniert. Später einmal könnte eine wirksame Methode, die Bedeutung von mehr Geduld und Selbstbeherrschung zu vermitteln, darin bestehen, sich auf ihre Zukunftsträume zu berufen. Wenn sie das vorgestellte Ziel erreichen will, wird sie sich auf dem Weg dorthin an einige Regeln halten müssen. Dann nimmt das alltägliche Leben die Bedeutung eines Weges in die Zukunft an, statt eine endlose Wiederholung alltäglicher Pflichten und Arbeiten zu sein. Ein stark autoritäres Vorgehen wird sie wahrscheinlich nur widerspenstig machen, sei es offen oder in versteckten Sabotageakten. Die Lebenskraft dieses Kindes ist so pulsierend und stark, dass es die Zeit und Mühe lohnen wird, sie zu verstehen und aufzufangen.

Im weiteren Verlauf ihrer Entwicklung ist es auch wichtig, dass sich die Eltern angesichts ihrer scheinbaren Selbstbezogenheit nicht zu Märtyrern machen. Sie mag nachlässig und sorglos sein, doch die positive Seite ihrer Geringschätzung weltlicher Grenzen ist, dass man um sie kein großes Aufsehens zu machen braucht und sie das auch gar nicht will. Das bedeutet, dass die Eltern mehr Zeit für sich selbst haben. Ein fortgesetztes „Warum muss ich immer dein Zimmer aufräumen?" wird sich – abgesehen von der darin enthaltenen Manipulation – wohl kaum bewähren. Wahrscheinlich will sie ohnehin nicht, dass ihr Zimmer aufgeräumt wird, weil dies ein Eindringen in ihre Privatsphäre bedeutet. Also machen Sie einfach die Türe zu, und lassen Sie sie mit ihrer eigenen Unordnung leben. Wenn sie älter wird, wird sie sich bald verantwortungsvoller zeigen, denn Schönheit bedeutet ihr sehr viel. Ebenso wenig hilfreiche ist der Vorwurf der Selbstsucht. Dieses Kind ist nicht selbstsüchtig – sie ist zu tiefer und hingebungsvoller Liebe fähig. Doch sie ist auch erfüllt von Vitalität, Phantasie und dem Verlangen, alles so intensiv wie möglich zu erleben. Wahrscheinlich ist sei eine Inspiration für die Eltern und andere Familienmitglieder, denn ihre Freude und Begeisterung sind ansteckend. Wollte man ihren überschäumenden Geist durch emotionale Erpressung oder harte Disziplin brechen, so würde das nur dazu führen, dass sie jene typischen psychosomatischen Beschwerden zeigt, die ein sichere Anzeichen unterdrückter Wut sind. Mit Unterstützung, Liebe und Verständnis wird sie zu einer wirklichen individuellen Persönlichkeit heranwachsen, voller Buntheit und Phantasie und stets dazu bereit, die Erfahrungen des Lebens als ein großes Abenteuer zu betrachten.

3. Warmherzigkeit und eine lebhafte Vorstellungsgabe

Die schöpferischen Fähigkeiten werden bei ihr von einem sehr empfindsamen emotionalen Wesen unterstützt, das bereitwillig auf die Gefühle anderer eingeht und eine angeborene innere Warmherzigkeit ausstrahlt. Es kann gut sein, dass sie dieses mitfühlende und anteilnehmende Wesen sehr früh zeigt – in ständigen Stimmungsumschwüngen und manchmal in etwas übertriebenen emotionalen Reaktionen auf die Vorgänge in ihrer Umgebung. Ihre angeborene Intuition verbindet sich mit ihrer emotionalen Empfänglichkeit zu einem fast beängstigend genauen Stimmungsbarometer der emotionalen Strömungen, die unter der Oberfläche ihrer unmittelbaren Umgebung am Werk sind.

Wahrscheinlich reagiert sie schon früh auf Musik und Rhythmus. Alles Bunte, Aufregende und Romantische wird ihr Herz und ihre Phantasie gefangen nehmen. Dieses Kind wird die Welt der Märchen, Sagen und Mythen instinktiv lieben, es wird regelmäßigen emotionalen Austausch und Anteilnahme brauchen. Eltern, die sich die Zeit nehmen, Geschichten, Gedichte und Filme mit ihr zu teilen, werden durch die Freude und Begeisterung, die sie zeigt, reich belohnt werden. Möglicherweise fühlt sie sich in Gesellschaft von Menschen, die ihre Gefühle nicht zeigen, sehr einsam. Vielleicht ist sie sehr anlehnungsbedürftig und zeigt dies in Form von Ängstlichkeit und einer Neigung, sich festzuklammern und Szenen zu machen, wenn sie auch nur kurze Zeit allein gelassen wird. Die reiche innere Welt der Vorstellungen und Phantasien ist bei ihr stets mit den Bedürfnissen und Gefühlen anderer Menschen verbunden. Beziehungen zu anderen werden für sie immer die ergiebigste Quelle der Freude und Erfüllung sein.

Da sie ein gefühlsbetontes Kind ist, wird sie dem Problem materieller Grenzen vermutlich mit Tränen, emotionalen Szenen und einer scheinbaren Hilflosigkeit begegnen, der man nur mit Mühe widerstehen kann. Sie besitzt sehr viel angeborenen Charme und die Fähigkeit, zuweilen ganz stark zu manipulieren. Dieser Charme, der in einem instinktiven Verstehen der Gefühle anderer wurzelt, wird möglicherweise regelmäßig eingesetzt, um nötigen Aufgaben und Verpflichtungen aus dem Weg zu gehen, mit denen sie sich nur schwer anfreunden kann. Verständlicherweise könnten die Geschwister oder auch die Eltern, denen die magische Überredungskunst fehlt, um andere all die harte Arbeit erledigen zu lassen, darüber sehr wütend werden.

Es wäre sicher hilfreich, sie im Laufe ihres Lebens vorsichtig zu ermutigen, ihre eignen Gefühle etwas objektiver zu sehen und nicht jede kleine Widrigkeit des Lebens persönlich zu nehmen. Wenn sie es lernt, Abstand zu wahren und bei Diskussionen und Verhandlungen eine eindeutige Sprache zu sprechen, so kann ihr dies eine große Hilfe dabei sein, sich eine feste Grundlage für ihr im Innersten flüchtiges und manchmal nicht sehr beherrschtes Wesen zu schaffen. Es könnte ein sehr positiver Weg sein, auf dem sie allmählich lernt, unvermeidliche Gefühle der Einsamkeit ebenso zu akzeptieren wie unverrückbare materielle Grenzen. Sie ist ein Kind, das über einen enormen Schatz von Gefühlen und Vorstellungen verfügt. Sie wird sich zu einem Individuum entwickeln, das die große Gabe hat, allem und jedem, dem sie begegnet, Wärme, Leben und Inspiration zu geben. Angesichts einer solchen Natur wird es nötig sein, ihr ihre Grenzen auf eine liebevolle, aber bestimmte Art und Weise aufzuzeigen. Im Allgemeinen wird sie das meiste von dem, was sie will und braucht, immer bekommen können – auch wenn sie erst einen Augenblick vorher eine wirklich laute emotionale Szene geliefert hat. Ihre angeborene Anteilnahme und Großzügigkeit werden in den Menschen um sie her immer die Liebe zum Vorschein bringen. Die Selbstgenügsamkeit wird sich bei ihr dagegen sehr viel langsamer entwickeln, und gerade in diesem Bereich könnten ihr Verständnis und Unterstützung am wirksamsten dabei helfen, einen starken, unabhängigen inneren Kern herauszubilden.

II. Wesentliche Persönlichkeitsanteile

1. Bei allen beliebt

Sie mag die Menschen wirklich. Das sie offen und freundlich auf andere reagiert, wird man ihr umgekehrt auch Wärme und Zuneigung entgegenbringen. Doch diese natürliche Affinität zu anderen Menschen ist mehr als nur das Bedürfnis, der eigenen Familie und Freunden nahe zu sein. Es zeigt sich darin auch das aufkeimende Gefühl, dass es noch eine größere Familie gibt – die Familie der Menschheit. Sie ist von Natur aus tolerant und fair, und das wird sich im Laufe ihres Heranwachsens in seinem ganzen Umfang mit allen Menschen zeigen. Sie wird sich für den „Sündenbock" der Klasse einsetzen, heftig gegen jede Ungerechtigkeit protestieren und auf dem Grundsatz der Gleichheit innerhalb der Familie bestehen – auch zu ihrem eigenen Nachteil. Sie ist ein denkendes Wesen, dessen Bewusstsein über ihre unmittelbaren emotionalen und körperlichen Bedürfnisse hinausgeht. Ihr fragender Geist macht sie empfänglich für die Realität und Bedeutung anderer Menschen sowie für die notwendigen ethischen Grundsätze des Zusammenlebens. Manchmal könnte es schwierig sein, ihr zu vermitteln, dass auch ihre eigenen Bedürfnisse wichtig sind und dass ein gewisser „Egoismus" vollkommen gesund und natürlich ist.

Sie besitzt einen inneren Idealismus, in dem ihr angeborenes Gefühl für richtig und falsch und auch das Bedürfnis wurzelt, Vorstellungen zu entsprechen, die manchmal extrem hoch gesteckt sind – selbst wenn dies nicht auf die Eltern zurückgeht. Ein Kind mit einem inneren Kodex ethischer Grundsätze ist recht ungewöhnlich, zumal es viele Erwachsene während eines ganzen Lebens nicht zuwege bringen, eine echte Ethik für sich zu entwickeln. Doch sie ist mit einer visionären Schau und Idealen begabt, die zwar in vieler Hinsicht noch nicht ausgeformt sein mögen, die aber dennoch tief in ihr verwurzelt und echt sind. Mit einseitigen Begünstigungen, Machtkämpfen und emotionalen Manipulationen, wie sie in so vielen Familien anzutreffen sind, kommt sie gar nicht gut zurecht, denn für derartige Spiele ist sie völlig unbegabt. Für ihr Alter versteht sie manches nur allzu gut, und sie hat ein feines Gespür für jegliche Heuchelei. Dadurch mag sie zuweilen etwas zurückgezogen und teilnahmslos erscheinen. Doch sie kann sich auch leidenschaftlich und ohne Rücksicht auf ihr eigenes Risiko gegen Autoritätspersonen – seien es Eltern, Lehrer oder Fremde – zur Wehr setzen, wenn sie einen Menschen oder ein Tier zu verletzen oder ungerecht zu behandeln drohen. Sie besitzt Klarheit und inneren Anstand, und wenn man diese Eigenschaften nicht durch Manipulationen gewaltsam unterdrückt oder schwer verletzt, werden sie ihr auf allen ihren Wegen leuchten.

2. Ein Kind mit einer visionären Schau

Die meisten Kinder sind empfänglich für die Gefühle anderer Familienmitglieder, doch ihr Bewusstsein von anderen Menschen erstreckt sich weit über ihre unmittelbare Umgebung hinaus. Sie wird schon von einem sehr frühen Alter an ein lebhaftes Interesse für das Kommen und Gehen anderer zeigen – Freunde der Eltern, Nachbarn, der Briefträger, die Bedienung im Laden – und mit echter Wärme und vielen Fragen auf sie reagieren. Ja, sie ist sogar beschäftigt mit der Welt um sie her, dass die Eltern und andere Familienmitglieder zuweilen etwas verstimmt sein könnten, weil sie Fremden ebenso viel Zuneigung und Interesse entgegenbringt wie ihnen. Besitzergreifende oder allzu stark beschützende Eltern könnten Mühe haben, sie zu verstehen, denn die gewünschte Abhängigkeit von zu Hause und ihrer Familie wird sie wohl kaum zeigen. Im weiteren Verlauf ihrer Entwicklung könnte sie etwas merkwürdig Unbeteiligtes an den Tag legen – all die kleinen Dinge, die bei anderen Kindern starke emotionale Reaktionen hervorrufen, könnten an ihr einfach vorübergehen. Doch wenn unausgesprochene Dinge in der Luft liegen, deren sich nicht einmal die Erwachsenen in ihrer Nähe bewusst sind, kann sie überaus unruhig und ängstlich werden. Während ihrer ganzen Kindheit und auch beim Eintritt in die etwas größere Welt der Schule wird ihre etwas frühreife, objektive Einstelllung zum Leben und zu den Menschen ein großer Vorteil für sie sein. Sie erlaubt er ihr, Ideen und Gedanken auf eine Art und Weise zu formulieren und zu strukturieren, wie es vielen anderen Kindern in ihrem Alter unmöglich wäre. Die Kinder ihrer Altersgruppe in der Schule werden im Lauf der Zeit immer wichtiger werden, denn im Kern ihres Wesens empfindet sie eine Einheit mit einem größeren Ganzen und eine Verbundenheit mit anderen Menschen.

3. Das Bedürfnis nach einer Gruppe außerhalb der Familie

Der amerikanische Dichter Walt Whitman schrieb einmal, dass es, wenn er sich selbst widerspräche, daran liege, dass er in seinem Inneren ganze Menschenmassen beherberge. Das kann man auch über sie sagen, denn sie hat ein starkes Gefühl der Verbundenheit mit anderen Menschen und wird wahrscheinlich im Laufe ihrer Entwicklung danach streben, ihr Verständnis für andere immer weiter zu vertiefen. Das kann auch bedeuten, dass sie – zunächst innerlich, später vielleicht auch äußerlich – einen gewissen Abstand zwischen sich und alle eng geknüpften oder emotional ausschließlichen Familienbande bringen wird. Neue Ideen werden sie immer interessieren, und ihr tiefes Bedürfnis nach geistiger Anregung verschiedenster Art wird es mit sich bringen, dass sie ihren Horizont möglichst weit ausdehnt. Ein früher Kontakt mit Spiel- und Vorschulgruppen wäre sehr nützlich für sie, und wenn sie älter wird, könnte es ihr auch in einem Internat gefallen. Sicher hat sie auch Freunde an häufigen Reisen ins Ausland, auf denen sie erfahren kann, wie die Kinder in anderen Ländern leben. Sie ist von Natur aus tolerant und interessiert sich für die Menschen. Das kann sich schon in einem sehr frühen Alter daran zeigen, dass sie sich zu ungewöhnlichen Spielkameraden und „ungeeigneten“ Schulfreunden hingezogen fühlt. Da ihre Toleranz und Neugier kein Nachteil, sondern eine Begabung sind, sollte man sie in ihrem Bedürfnis ermutigen und unterstützen, ihre Lebenserfahrung über ihre Familie, Umgebung und soziale Position hinaus auszudehnen. Besonders statusbewusste oder mit gewissen Vorurteilen behaftete Eltern könnten erschrocken feststellen, dass sie sich hartnäckig weigert, sich mit ihren eigenen, eng gefassten Wertvorstellungen zu identifizieren. Doch Eltern, die ihr echtes Interesse an der Denkweise anderer zu schätzen wissen, werden diesem Kind, das – anders als viele Erwachsene – über die Beschränktheit des Ichdenkens hinaus den grundsätzlichen Wert aller menschlichen Wesen erkennen kann, Liebe und Bestätigung entgegenbringen.

4. Erfindungsgabe und Scharfsinn

Sobald sie in der Lage ist, ihre eigenen Wahrnehmungen unabhängig zu äußern, wird sie jedermann genau erklären, was sie denkt. Ihre lebhafte und kraftvolle Denkweise trägt einiges zum Glanz ihrer Persönlichkeit bei, und man sollte sie möglichst früh dazu ermutigen, ihren Geist auf einer möglichst breiten Grundlage zu entwickeln. Unter einer geistig beschränkten Atmosphäre zu Hause, in der es an Interesse für andere Menschen und die weite Welt fehlt, würde sie wohl sehr zu leiden haben, denn sie ist immer darauf aus zu verstehen, wie die Dinge funktionieren und was andere Menschen motiviert. Diese Neugier wird sich schon in einem sehr frühen Alter zeigen, und wahrscheinlich zerlegt sie eine ganze Menge Spielzeug und andere Dinge, um herauszufinden, wie sie funktionieren. Eine ihrer vielfältigsten geistigen Eigenschaften ist ihre Erfindungsgabe, die auch gefördert werden sollte – selbst wenn sie auf einige reichlich merkwürdige Ideen verfällt oder die ganze Alufolie verbraucht, um irgendein außergewöhnliches Objekt herzustellen. Sie kann aber auch störrisch und widerspenstig sein, und das könnte zum Vorschein kommen, wenn sie älter wird und allmählich die verschiedenen Aufgaben und Verpflichtungen akzeptieren muss, die das tägliche Leben bestimmen. Dann kann sie sich plötzlich ganz widersinnig verhalten und es einfach ablehnen, etwas Bestimmtes zu tun – oder sie bricht einen Streit vom Zaun, weil man grundlos etwas von ihr verlangt hat. In der Schule könnte es zu Konflikten mit den Lehrern kommen, weil sie es nicht mag, wenn man ihr sagt, was sie lernen soll und wie. Hier wird sich die widerspenstige Seite ihres Wesens wahrscheinlich am deutlichsten zeigen, denn sie hat von Natur aus eine sehr ungewöhnliche Art der Wahrnehmung und gelangt auf höchst originelle Weise zu ihren Schlussfolgerungen. Um das Beste aus ihrem kraftvollen, lebhaften und erfinderischen Geist zu machen, muss man ihr sehr viel Spielraum zur Entwicklung ihrer eigenen Lernmethoden lassen und ihr die Freiheit geben, den Dingen nachzugehen, die sie interessieren und für die sie sich begeistert – wenn schon nicht in der Schule, so wenigstens außerhalb. Auswendiglernerei oder Lehrmethoden von vorgestern werden bei diesem Kind kaum etwas fruchten.

5. Auf zu fernen Horizonten

Dieses freundliche und sehr liebenswürdige Kind kann auch ausgesprochen unruhig sein – Ausdruck seiner lebhaften Neugier dem Leben und der ganzen Welt gegenüber. In der frühen Kindheit mag sich dies in der Neigung zeigen, sich sehr schnell zu langweilen und sich im einen Augenblick von einer Sache sehr begeistert und hingerissen zu zeigen, nur um sie im nächsten Moment wieder aufzugeben. Auch in Bezug auf Spielkameraden und Schulfreunde kann sie recht enthusiastisch sein, nur um sich eine oder zwei Wochen später wieder auf etwas noch Interessanteres oder Aufregenderes zu verlegen. Obwohl sie emotional keineswegs dickfellig ist, hat sie doch einen sehr unsteten Geist, der in vieler Hinsicht auch eine besondere Begabung darstellt. Ihr starkes Interesse am Leben ist weit gefasst und allgemein, so dass sie wahrscheinlich schnell lernt und sich für eine ganze Reihe von Dingen begeistert, die scheinbar nichts miteinander zu tun haben. Eine weitere Begabung ist ihre – möglicherweise geistige und künstlerische – Vielseitigkeit, und vermutlich zeigt sie sich bei einer Vielzahl von Dingen sehr talentiert. Doch vor allem braucht sie immer neue geistige Herausforderungen, denn es liegt ihr überhaupt nicht, nur immer wieder das gleiche zu tun. Ebenso wenig sollte man ihr Schweigsamkeit abverlangen, denn sie muss sich häufig und ausgiebig mit anderen Menschen austauschen. Täglich wiederkehrende Abläufe könnten sich als problematisch erweisen, und vielleicht neigt sie dazu, die Haufen von Büchern, Papieren, Kleidern oder Gegenständen, die sich in den Eckens ihres Zimmers auftürmen, einfach zu ignorieren. Doch ihr rastloses und ziemlich unordentliches Verhältnis zur materiellen Welt wird durch die ungewöhnliche Spannweite und Lebhaftigkeit ihres Geistes und ihrer Einstellung ausgeglichen. Da sie es hasst, sich zu langweilen, wird sie selbst niemals langweilig sein. Wenn ihr die Eltern und andere Familienmitglieder dabei helfen, die neuen Herausforderungen und Forschungsgegenstände zu suchen, die sie braucht, könnten sie durchaus feststellen, dass sich dabei auch ihr eigener Horizont beträchtlich erweitert.

6. Eine geborene Forscherin

Ihre Abenteuerlust ist so groß, dass sie Eltern und andere Familienmitglieder mit ihrer mutigen Suche nach neuen Herausforderungen manchmal ängstigen wird. Wenn sie noch sehr jung ist, kann das bedeuten, dass sie mit Ihren kostbarsten Schätzen herum experimentiert und ausgerechnet überall da herum krabbelt, wo sie nicht sein sollte. Wird sie dann größer, so wird sie die weite Welt viel früher erkunden wollen, als es die Eltern erwarten oder es ihnen recht ist. Wahrscheinlich zeigt sie ihre unerschrockene Neugier auch im geistigen Bereich, stellt peinliche Fragen und lehnt es ab, sich mit dem üblichen „weil ich es sage“ zufriedenzugeben. Ihre natürliche Neugier ist groß, und ebenso groß ist ihre angeborene Zuversicht, dass sie mit dem zurecht kommen wird, was sie findet. Herrscht zu Hause ein Klima aus Angst und Befürchtungen – „Geh nicht mehr hinaus, es könnte dir etwas zustoßen!“ -, so wird das nur ihre innere Widerspenstigkeit auf den Plan rufen, denn es gibt für sie nichts interessanteres, als verbotene Dinge zu tun. Familiengeheimnisse werden vor ihrem starken Verlangen, alles zu wissen, nicht lange verborgen bleiben. Es ist von grundlegender Bedeutung, dass die Eltern Zuversicht in sie setzen und dies auch zeigen, anstatt ihre eigene Angst vor dem Leben auf sie zu projizieren. Sie weiß sich intuitiv sehr gut zu schützen und wird nur ein Mindestmaß an vernünftigen Hinweisen und Ratschlägen brauchen. Sie ist intelligent und erfinderisch, und sie verdient es, ehrlich und respektvoll behandelt zu werden. Spannkraft und Optimismus sind zwei wichtige und wertvolle Eigenschaften ihres Wesens, und sie könnte zu einem wunderbaren Beispiel für die Art und Weise werden, in der uns das Leben gibt, was wir erwarten. Sie will, dass das Leben so aufregend ist wie ein Abenteuerspielplatz. Und meistens wird sie feststellen, dass sie reich belohnt wird, denn sie besitzt den Mut und die Vorstellunggabe, um den besten Dingen im Leben nachzugehen.

7. Ein Blick für das Ganze

Obwohl ihre Bedürfnisse in den ersten Lebensmonaten – wie die jedes anderen kleinen Kindes auch – sehr grundlegend und selbstbezogen sind, schaut schon ein klarer und wohlerzogener Geist aus ihren Augen. Sie wirkt älter, als man es erwarten würde, und besitzt eine etwas frühreife, weit ausgreifende Wahrnehmung, mit der sie Dinge sieht, die anderen – selbst den schlauesten Erwachsenen – vielleicht für immer verborgen bleiben. Sie hat etwas von einer Mystikerin und spürt, dass die Welt größer und komplizierter ist, als es zunächst den Anschein hat. Dieses Gefühl von etwas Großem im Leben wird sich, auch wenn es zunächst rein instinktiv und ungeformt ist, allmählich in einer ungewöhnlich weit gefassten Anschauungsweise und einem originellen Verständnis äußern. Sie muss sich im Innersten mit den Menschen und dem Leben verbunden fühlen, und daher wird sie über die gewöhnlichen Beschäftigungen kleiner Kinder schnell hinauswachsen.

Das Leben wird ihr letztlich immer dann als Herausforderung begegnen, wenn es um die Grenzen der menschlichen Natur und um die Bedeutung des Gewöhnlichen geht. Die Eltern könnten ihr helfen, sich auf diese Herausforderungen vorzubereiten, indem sie auf ihre ganz alltäglichen Bedürfnisse eingehen. Doch im Laufe ihrer Entwicklung wird sie niemals ausschließlich an sich selbst und der Erfüllung ihrer eigenen Wünsche interessiert sein. Die weite Welt mit all ihren faszinierenden Menschen und das Wunder, wie und warum die Dinge funktionieren, werden sich als weitaus anziehender erweisen als noch so viele Zinnsoldaten und Puppen. Sie kann manchmal störrisch und unnachgiebig sein und mag sich gelegentlich rücksichtslos gegenüber den Gefühlen einzelner Familienmitglieder oder Freunde zeigen, weil sie irgendeine großartige

Sache für wichtiger hält. Man sollte nicht davon ausgehen, dass sie fraglos und ohne nachzudenken aus Treue alles tun wird, was die Eltern je verlangen. Im Lauf der Zeit wird sie die Wahrheit mehr schätzen als alle persönlichen Gefühle, und mit den alltäglichen kleinen Heucheleien der Menschen wird sie sich wohl nie anfreunden können. Doch im Herzen ist sie ein rücksichtsvoller und anständiger Mensch, noch in der Entwicklung begriffen, aber doch schon mit der seltensten aller menschlichen Gabe gesegnet: der Fähigkeit, über sich und ihre unmittelbare kleine Welt hinauszusehen und sich selbst als Teil eines größeren Ganzen zu erkennen.

8. Ein heimliches Bedürfnis nach Stabilität und Verwurzelung

Obwohl sie im Grunde ein rastloser Freigeist ist, hat sie doch auch ein tiefes Bedürfnis nach Stabilität, das sie möglicherweise nur schwer zugeben oder äußern kann. Sie mag zwar häufig die Regeln verletzen, doch gleichzeitig ist sie doch zumindest von manchen dieser Regeln abhängig, weil sie ihr ein Gefühl der Sicherheit und Geborgenheit geben. Dieser innere Widerspruch könnte dazu führen, dass sie alle Menschen einem Test unterzieht, um festzustellen, wo genau die Grenzen liegen – auch wenn dies leicht nach dem Versuch aussehen könnte, diese Grenzen zu überschreiten. Obwohl sie sich also zuweilen heftig gegen häusliche Abläufe und Strukturen auflehnt, ist ein sanftes, aber festes Bestehen auf den wichtigsten und allgemeinsten dieser Regeln sehr wichtig für sie. Insgeheim fürchtet sie das Chaos ebenso wie die Einschränkungen, und ihr eigenes, flüchtiges und phantasiebetontes Wesen kann ihr manchmal das Gefühl geben, verwirrt zu sein und nicht mehr mit beiden Beinen auf dem Boden zu stehen. Während ihrer ganzen Kindheit wird sie instinktiv darauf hinarbeiten, ein Gleichgewicht zwischen ihrem Freiheitsbedürfnis und ihrem ebenso starken, aber weniger deutlich bewussten Bedürfnis nach materieller Sicherheit herzustellen. Diese beiden Seiten ihrer Persönlichkeit werden unweigerlich zuweilen aufeinander prallen, und deshalb gibt es wahrscheinlich einiges Hin und Her, eher es zu einem kreativen Austausch zwischen diesen Extremen kommen kann. Ihre verborgenen Ängste werden sich wahrscheinlich in Form einer besonders intensiven Bindung an bestimmte Menschen, Haustiere, geliebte Gegenstände oder gewohnte Rituale äußern, die ihr ein Gefühl der Stabilität vermitteln, auch wenn sie gleichzeitig versucht, sich durch die rastlose Jagd nach neuen Interessen und Kontakten neue Aufregungen zu verschaffen.

Dieses tiefe Verlangen nach Beständigkeit und Dauerhaftigkeit ist eine sehr wertvolle Eigenschaft; denn selbst wenn es sie in Konflikte bringt, gibt es ihr doch auch den Rückhalt und die Motivation, um schließlich etwas Reales und Greifbares aus ihren Träumen zu machen.

9. Verletzbarkeit kann eine Stärke sein

So steht bei ihr einem hellen, brillanten Geist, der stets nach fernen Horizonten strebt und das große Abenteuer Zukunft optimistisch sieht, ein ebenso wichtiges Bedürfnis nach der Stabilität und Sicherheit einer Welt gegenüber, in der es keine Veränderung gibt und die immer da sein wird, wenn sie – erfolgreich oder nicht – von ihren rastlosen Wanderungen zurückkehrt. Diese Seite ihres Wesens ist langsamer und konservativer als die Persönlichkeit, die andere zu Gesicht bekommen. Sie mag sie im Laufe ihres Heranwachsens selbst beunruhigend finden und zu unterdrücken versuchen, weil sie befürchtet, nicht geliebt zu werden, wenn sie ihre ganz gewöhnliche, menschliche Verletzbarkeit zeigt. Doch gerade dieser Wesenszug kann ihr am ehesten helfen, den Wert und die Bedeutung des Alltagslebens zu verstehen. Da sie ihren sich ständig verändernden Träumen und Vorstellungen immer sofort nachgehen will, übersieht sie möglicherweise ihr weniger deutlich bewusstes, aber ebenso grundlegendes Bedürfnis, sich mit den Menschen, Orten und Dingen, die sie liebt, eine sichere Grundlage zu bewahren. Ermutigen Sie sie dazu, diese Seite ihres Wesens ebenso hochzuhalten wie ihre deutlich offenkundigen Begabungen – dann wird sie ausgeglichener, geduldiger und besser in der Lage zu sein, sich um sich selbst zu kümmern und der Zukunft entgegenzugehen. Dann wird auch ihr Optimismus nicht von der Enttäuschung oder Verbitterung über jene Träume getrübt, die nicht wahr werden, denn sie wird ihren Frieden mit den Einschränkungen durch die Zeit und die eigene Menschlichkeit gemacht haben.

10. Ein phantasiebegabtes Kind

Alle Kinder verfügen über Möglichkeiten, die im Laufe ihres Heranwachsens wenigstens teilweise ausgeschöpft werden. Doch sie ist in dieser Beziehung etwas Besonderes, da das Gefühl aufregender zukünftiger Möglichkeiten und unerforschter Horizonte sie nicht nur während der Kindheit, sondern auch ihr ganzes Erwachsenenleben hindurch begleiten wird. Die Vorstellung, dass hinter der nächsten Ecke etwas völlig Neues auf sie wartet, macht den Kern ihrer Persönlichkeit aus und verleiht ihr eine ständige Rastlosigkeit und eine wunderbare Begeisterungsfähigkeit für das nächste Spielzeug, die nächste Reise und den nächsten neuen Menschen, den sie kennenlernen wird. Sie wird immer glänzende Vorstellungen davon haben, was sie werden will, wenn sie einmal groß ist – auch wenn dies möglicherweise wöchentlich, wenn nicht sogar täglich, wechselt und immer wieder neue, noch aufregendere Vorstellungen die alten, abgestandenen ersetzen. Sie wird immer ein phantastisches Traumland haben, in das sie von Zeit zu Zeit entfliehen kann, wenn das alltägliche Leben zu eintönig und langweilig wird. Es mag ihr schwerfallen, Begonnenes zu Ende zu bringen, und sie kann leicht reizbar und ungeduldig werden, wenn sie nicht sofort zu Ergebnissen kommt. Vielleicht hegt sie auch eine starke Abneigung gegen alltägliche Disziplin und zeigt sich zutiefst beleidigt, wenn man von ihr erwartet, dass sie wie eine gewöhnliche Sterbliche ihre Unordnung selbst wieder aufräumt. Vielleicht müssen sich die Eltern besondere Mühe geben, um ihr den Wert von harter Arbeit, Geduld und etwas Demut verständlich zu machen – denn nur so wird sie ihre wunderbaren Träume auch verwirklichen können. Doch es ist die fruchtbare und stets vorhandene Fähigkeit, neue Träume zu erschaffen, die sie so lebhaft, kreativ und faszinierend macht. Da ihr wendiger

Verstand stets auf der Suche nach neuen Anregungen ist, um Langeweile und Eintönigkeit zu vermeiden, ist sie wahrscheinlich eine Inspiration für Eltern, Familienangehörige, Lehrer und Freunde. Ihr Enthusiasmus ist ansteckend und ihr Optimismus unerschöpflich, und das Reisen wird für sie immer schöner sein als das Ankommen.

11. Die unerschöpflichen Möglichkeiten des Lebens

So schielt sie immer mit einem Auge nach der Zukunft. Sie ist ein freier und unabhängiger Geist, der eine allzu banale oder belastete Umgebung scheut und sich immer das Recht vorbehalten wird, ins Land seiner Träume und Phantasien zu entfliehen. Voller Charme, Originalität und rastloser Intelligenz wird sie stets auf neue Erfahrungen aus sein, die sie der gewöhnlichen Wirklichkeit entheben und dem Alltag einen Zauber verleihen können. Unweigerlich wird sie auch der Herausforderung begegnen, sich mit den Grenzen im Leben auseinanderzusetzen, denn insgeheim hat sie das Gefühl eines besonderen Schicksals und wehrt sich daher gegen jegliche Einschränkung. Die Eltern und übrigen Familienmitglieder sollten ihr visionäres Wesen schätzen und unterstützen, denn sie besitzt die seltene Gabe, das Leben durch die Kraft seiner schöpferischen Phantasie zu verändern. Das sie andere so stark inspirieren kann, ist sie auch in der Lage, sie auf ihre großen Abenteuer mitzunehmen. Obwohl man sie nicht verhätscheln oder verziehen darf, sollte man sie auch nicht zerbrechen, indem man ihre Träume schlecht macht oder ihr mit der Säuerlichkeit und dem Neid frustrierter Erwachsener begegnet, denen es in ihrer eigenen Kindheit nie gelangt, den Eingang zur Traumwelt zu finden. Sie braucht Hilfe, um die Bedeutung von Disziplin zu verstehen und die Kunst zu erlernen, wie man zu Ende führt, was man begonnen hat. Doch sie kennt auch das Geheimnis, wie man Erwachsenen das Fliegen beibringt.

12. Eine verborgene Gefühlstiefe

Starke Emotionen werden wohl ein Aspekt des Lebens sein, der ihr im Laufe des Heranwachsens Schwierigkeiten bereiten wird. Sie braucht in ihrem Austausch mit anderen sehr viel Freiheit und Humor. Allzu starke Gefühle der Eltern, Geschwister oder Freunde könnten Platzangst bei ihr auslösen, und wahrscheinlich wird sie sich verweigern, wenn andere von ihr Liebesbezeugungen verlangen. Dabei ist sie selbst voller starker Gefühle, die sie aber nicht ohne weiteres äußern kann. Sie kann ausgesprochen besitzergreifend und anhänglich sein, zugleich überaus empfindlich beim leisesten Anzeichen von Ablehnung und Gleichgültigkeit. Vermutlich neigt sie auch zu subtilen Manipulationen, um sich die ständige Aufmerksamkeit jener Menschen zu bewahren, die sie liebt und braucht. Sie kann sich durch die Intensität ihrer eigenen Bedürfnisse stark bedroht fühlen und unterdrückt möglicherweise ihre Gefühle, wenn sie älter wird, weil sie befürchtet, durch die Abhängigkeit von anderen ihre Freiheit einzubüßen. Empfinden die Eltern oder andere Mitglieder der Familie starke Gefühle selbst als störend oder schwierig, so kann dies ihren Konflikt noch verschärfen, da auf diese Weise ihre Überzeugung gestützt wird, dass allzu große Anlehnungsbedürftigkeit zu Ablehnung und Demütigungen führen kann. Es gibt große Tiefen in ihr, die von der Helligkeit ihres Verstandes und ihrer Phantasie verdeckt werden. Doch ihre Verletzbarkeit ist eigentlich eine Stärke, weil sie sie an andere bindet und dafür sorgt, dass ihre rastlose Suche nach dem Mythischen und Zauberhaften sie nicht am Ende von den Menschen entfernt, die sie liebt.

13. Auch ein Wandervogel hat Gefühle

Sie ist ein abenteuerlustiges Kind mit einer wunderbaren Einbildungskraft und grenzenlosen Vorstellungen von der Zukunft mit all ihren Möglichkeiten. Ihr rastloses Wesen mag manchmal den Eindruck erwecken, es würde ihr an echter Beständigkeit fehlen, denn sie wächst schnell über manche Beziehungen und Dinge hinaus und nimmt eine stark vorwärts, auf die Zukunft ausgerichtete Haltung ein. Doch es verbergen sich auch große emotionale Bedürfnisse in ihr, die sie geliebten Menschen gegenüber äußerst besitzergreifend und anhänglich werden lassen – bis hin zu dem Punkt, wo ihr dies Angst macht, weil diese Gefühle eine Bedrohung ihrer Freiheit und Autonomie darstellen. Auch vielen Erwachsenen fällt es nur allzu schwer, mit ihren eigenen starken Bedürfnissen zurechtzukommen, und so sollte man sie nicht dafür verurteilen, dass sie ihre Angst und Frustration gelegentlich in Launenhaftigkeit oder provozierendem Verhalten äußert. Besonders wichtig ist ein Ausgleich zwischen den Bedürfnissen ihres Herzens und ihres Verstandes. Dazu können die Eltern und die übrigen Familienangehörigen beitragen, indem sie diese beiden widersprüchlichen Seiten ihrer Persönlichkeit gleichermaßen anerkennen und unterstützen. Ihre unerschöpfliche kreative Energie verdankt sie ihrem freien, unabhängigen Geist. Wahrscheinlich äußert sie ihre Gefühle etwas unbeholfen, einfach weil sich die geistige und kreative Seite ihrer Persönlichkeit schon so früh entwickelt hat. Doch ihre tiefen Gefühle verleihen ihrem Charakter Substanz und Menschlichkeit und helfen ihr, langdauernde und feste Beziehungen einzugehen, die ihre Rastlosigkeit abschwächen und ihre manchmal chaotischen und wirren Träume auffangen können.

III. Emotionale Bedürfnisse und Beziehungen

1. Teilt meine Träume mit mir!

Ganz im Einklang damit, dass sie sich zutiefst mit anderen identifiziert, braucht sie in ihren Beziehungen zu anderen Menschen vor allem das Gefühl, dass sie ihre reiche und stets in Veränderung begriffene innere Welt mit ihnen teilen kann. Die verbale Kommunikation könnte für sie zu einem Mittel werden, um ihr Bedürfnis nach tiefer emotionaler Verbundenheit mit anderen zu befriedigen, und ihre Neugier in Bezug auf ihre Gefühle und ihr ganzes Leben wird immer auch von einem gewissen Mitgefühl getragen sein. Sie braucht sehr viel emotionale Nähe, doch äußert sich das nicht in besitzergreifendem Verhalten. Sie kann tiefe und ehrliche Beziehungen zu sehr verschiedenen Menschen eingehen, und obwohl sie leicht Freunde und Freundinnen gewinnt, wird sie doch emotional keinem Menschen jemals ganz und ausschließlich gehören. Am glücklichsten und sichersten wird sie sein, wenn sie sich mit Gefühlen und Erfahrungen identifizieren kann, die sowohl sie als auch andere empfunden und durchgemacht haben – ganz als müsste sie sich immer wieder aufs Neue der Tatsache vergewissern, dass sie Teil einer größeren Familie ist, deren Mitglieder auf einer tiefen und geheimnisvollen Ebene durch gemeinsame Ängste, Sehnsüchte, Träume und Bedürfnisse miteinander verbunden sind. Sie reagiert sehr stark auf den Schmerz anderer und fühlt sich wahrscheinlich am wohlsten im Umgang mit jüngeren Geschwistern oder Gleichaltrigen, die aus dem einen oder anderen Grund ihre Sympathie und ihr Verständnis brauchen. Deshalb schließt sie vielleicht wichtige Freundschaften mit behinderten, unterprivilegierten oder zum Sündenbock gemachten Kindern und bevorzugt diesen etwas komplizierteren Umgang gegenüber eher herkömmlichen, oberflächlichen Kontakten, die ihr mitfühlendes Herz unberührt lassen.

Sie braucht so dringend emotionale Nähe, dass sie auch ihre eigenen Bedürfnisse ignorieren könnt, um so zu werden, wie die Menschen sie haben wollen, die sie liebt. Möglicherweise können die Eltern sie nicht ohne weiteres dazu bewegen, ihre wirklichen Gefühle zu äußern, denn sie erlebt ihr eigenes tiefstes Glück, wenn sie jemand anderen glücklich machen kann. Deshalb mag sie recht anhänglich sein und ständig neue Liebesbezeugungen brauchen, und vielleicht fällt es ihr schwer, allein zu sein, ohne ängstlich zu werden und sich zu fürchten. Sie braucht das Gefühl, gebraucht zu werden, und könnte sich von unabhängigeren und selbständigeren Familienmitgliedern leicht abgelehnt fühlen. Da sie in ihrer Bewunderung für die Menschen, die sie liebt, im höchsten Maße idealistisch ist, mag sie so manche Enttäuschung erleben, weil sie von den Eltern, Familienangehörigen und Freunden oder Freundinnen einen Zustand totaler emotionaler Verschmelzung mit sich erwartet. In allen ihren Beziehungen wird man sie vorsichtig dazu ermutigen müssen, ihre eigenen Gefühle zu behaupten und auch das Bedürfnis anderer nach Abstand und Bewegungsfreiheit zu akzeptieren.

Ihre fruchtbare Vorstellungsgabe und das Bedürfnis, ihre innere Welt mit den Menschen zu teilen, die sie liebt, sorgen dafür, dass sie sich am glücklichsten fühlt, wenn ihr Austausch mit anderen etwas Phantasievolles, Abenteuerliches und Zauberhaftes hat. Mit ihr zusammen aufregende Ausflüge zu unternehmen oder die Welt der Geschichten, Filme, Musik und Poesie zu durchstreifen kann manchmal wichtiger sein, als dafür zu sorgen, dass um Punkt sieben Uhr ein perfektes Abendessen auf dem Tisch steht. Sie neigt dazu, die

Menschen, die sie liebt, als Gestalten eines farbenfrohen Märchens zu sehen. Sie hat zwar ein instinktives Verständnis für die dunkleren Seiten menschlicher Emotionalität, doch sie kann es nicht ertragen, wenn ihre zarteren Gefühle unter dem Gewicht von allzu viel täglicher Routine erdrückt werden. Vielleicht scheint sie deshalb anderen gegenüber manchmal etwas abwesend, unaufmerksam und sogar unbeständig zu sein – nicht, weil sie etwa rücksichtslos wäre, sondern weil sie einen uninspirierten Austausch erdrückend findet.

Für sie ist vor allem das Gefühl emotionaler Nähe unerlässlich, damit sie glücklich ist und sich wohl fühlt, und deshalb wird sie stets nach dem Erlebnis eines tiefen, zauberhaften Austausches mit allen Menschen suchen, die sie liebt und braucht. Doch niemand kann für unbegrenzte Zeit emotional mit einem anderen Menschen verschmolzen blieben, denn es liegt in der Natur des Menschen, sowohl Getrenntheit als auch Nähe zu brauchen. Folglich wird eine der wesentlichen Herausforderungen für sie während ihrer Kindheit die Notwendigkeit sein, ihre Angst vor der existentiellen menschlichen Einsamkeit zu überwinden. Ihr verfeinertes und mitfühlendes emotionales Wesen wird immer zwischen einem subtilen, aber echten Gefühl gegenseitigen Austausches und einer augenfälligen Demonstration pflichtschuldiger Selbstaufopferung unterscheiden können. Ein derartiger Austausch kann nicht durch praktische Gesten oder wortreiche Liebeserklärungen hergestellt werden, denen es an echter Wärme fehlt. Hier wird ihr von Natur aus weises Herz immer nur auf das Echte ansprechen – auch wenn es nicht rund um die Uhr zu haben ist.

2. Der Vater als ein Freigeist

Sie erlebt ihren Vater als die Verkörperung eines unkonventionellen und unabhängigen Geistes – selbst dann, wenn sich der Vater zuweilen alles andere als frei und unabhängig fühlt. Durch die Beziehung versucht sie instinktiv, ein archetypisches Bild von Männlichkeit als einer Kraft zu kreativem Denken und positiven Entscheidungen zu verinnerlichen. Wenn sie bei ihrem Vater genug von diesem unabhängigen Geist finden kann, wird sie mit der Zeit selbst ein gesundes Maß an originellem Denken entwickeln und sich später im Leben auch von intellektuell lebhaften und interessanten Männern angezogen fühlen. Natürlich ist kein Vater ein reiner Archetyp, und vielleicht kann ihr Vater aufgrund von beruflichen Zwängen oder Konflikten innerhalb der Familie seine Unabhängigkeit nur durch Abwesenheit oder sporadisch auftretende Reizbarkeit äußern. Doch der Vater muss kein Genie oder Revolutionär sein, um den Vorstellungen seiner Tochter zu entsprechen. Sie muss nur so viel wie möglich über die Denkweise ihres Vaters und über die Ideen lernen können, die zu einer bestimmten Vorgehensweise führen. Deshalb wäre es sehr ratsam, dass der Vater möglichst viel mit seiner Tochter kommuniziert, seine ungewöhnlichsten Ideen mit ihr teilt und sich stark genug zeigt, eigene Ansichten zu vertreten, auch wenn sie nicht immer mit denen der Gemeinschaft oder anderer Familienmitglieder übereinstimmen. Unbegründete, plötzliche Rückzüge oder Abwesenheiten mögen eine gewisse Unabhängigkeit zum Ausdruck bringen. Doch sie wird nicht verstehen, warum ihr Vater sich – sei es körperlich oder emotional – von ihr entfernt hat, und solange der Vater nicht bereit ist, in einen Dialog mit ihr zu treten, wird es ihr umso schwerer fallen, sich die positive Seite solcher

Erfahrungen zu eigen zu machen. Die geistige Ebene dieser Beziehung ist überaus wichtig, vor allem als ein Bereich, in dem Vater und Tochter gemeinsam die Welt der Ideen erforschen können, während sie heranwächst. Deshalb wäre es sehr hilfreich, wenn sich der Vater für ihre Bildung und Erziehung interessieren würde. Was sie eigentlich von ihrem Vater braucht, ist Freundschaft im tiefsten Sinn des Wortes – eine Verbindung, die nicht von einem Gefühl der Schuld und gegenseitigen Verpflichtung getragen ist, sondern auf einem wirklich weit gefassten gegenseitigen Interesse fußt und davon lebt, dass beide sich gegenseitig inspirieren. Sie erwartet von ihrem Vater auch das Gefühl, dass es möglich ist, erfinderisch und originell zu sein und sich unabhängig genug zu fühlen, um das eigene Leben zu verändern, auch wenn andere dies missbilligen. Konflikte zwischen den Eltern sollten nie als Rechtfertigung dafür dienen, die Beziehung zwischen Vater und Tochter zu stören. Auch wenn schwierige Umstände eine Trennung unvermeidbar machen, kommt es vor allem auf die Qualität der Zeit an, die die beiden miteinander verbringen und während der ein offener und ehrlicher Austausch unbedingt gefördert werden sollte. Sie ist wahrscheinlich sehr neugierig in Bezug auf ihren Vater und will alles über ihn wissen – wer er ist, was er denkt, und warum er sich so verhält, wie er es tut. Das gilt vor allem, wenn die Kontinuität der Beziehung durch Abwesenheiten gestört wird und ihre Neugier auch Zeichen der Befürchtung trägt, ihn zu verlieren. All diese Dinge sollte die Tochter direkt von ihrem Vater erfahren und nicht von anderen Familienmitgliedern, die möglicherweise aus einem bestimmten Kummer heraus ihre eigene, emotionale Sichtweise äußern. Sie will keinen perfekten Vater, und sie braucht auch keinen; doch sie erwartet von ihm Ehrlichkeit, Freundschaft und Aufgeschlossenheit. Wenn man sich etwas Mühe gibt, ihr dies zu bieten, werden beide, Vater und Tochter, von einer aufregenden und inspirierenden Beziehung profitieren.

3. Mutter ist eine Märchenprinzessin

In ihrer Vorstellung ist ihre Mutter eine zauberhafte Märchenprinzessin, die vom Leben arg mitgenommen wurde und Schutz braucht. Sie steht in einer ungewöhnlich engen, mitfühlenden emotionalen Beziehung zu ihr und reagiert auf jeden Schmerz und jedes unglückliche Gefühl der Mutter mit dem Wunsch, sie zu trösten und zu beschützen. Dabei macht es gar nichts, wenn ihre Mutter sich müde, gestresst und alles andere als zauberhaft fühlt – sie sieht sie als ein seltenes, ätherisches Wesen und wird all ihre schwer fassbaren Träume auf ihre Mutter projizieren, um sie damit zu einer Märchengestalt zu machen, die ihr die Tür zur Welt des Unsichtbaren öffnen kann. Die tiefe und geheimnisvolle Verbindung zwischen Mutter und Tochter kann ihr ein deutlicheres Bewusstsein ihrer eigenen bildschöpferischen Kräfte und auch der großen Spannweite menschlicher Emotionen und Sehnsüchte vermitteln, die so viele Menschen außer Acht lassen. Das würde zu der künstlerischen Feinfühligkeit des Mädchens und seinem Mitgefühl für andere beitragen, wenn sie heranwächst. Es steckt auch eine ganze Menge Idealismus in ihrer Liebe zu ihrer Mutter, so dass es der Tochter manchmal schwerfallen mag, ihre Mutter als ganz gewöhnliche Frau anzusehen, die selbst für sich sorgen kann. Vielleicht kehr sie gelegentlich sogar das normale Mutter-Kind-Verhältnis um und verhält sich so, als wer sie die Mutter und würde versuchen, ihr geliebtes Kind vor allen Verletzungen zu bewahren.

Diese enge Verbindung hat sehr schöne und verfeinerte Seiten, die sich für sie später in ihrem Leben als überaus kreativ erweisen werden. Doch es ist sehr wichtig, dass sie ihre Mutter nicht nur als ein verletzbares Opfer der Härten des Lebens sieht, sondern als eine fähige Frau, deren

Leben die Folgen ihrer eigenen Entscheidungen widerspiegelt. Zeigt man ihr keine anderen Möglichkeiten auf, so könnte sie nur allzu leicht die märchenhafte Vorstellung von einer zerbrechlichen Prinzessin mit der unglücklichen Gestalt einer Märtyrerin verwechseln – und das wäre für ein junges Mädchen wohl kein sehr positives weibliches Vorbild. Die tiefe Zuneigung der Tochter sollte – sei es absichtlich oder unbewusst – nie als Mittel benutzt werden, um die Schmerzen der Mutter zu lindern oder irgendwelche möglicherweise bestehenden Eheprobleme zu lösen. Besonders wichtig ist es, ihr keine Schuldgefühle einzuflößen, um sich ihre Loyalität zu sichern. Die Tochter identifiziert sich zutiefst mit den Gefühlen ihrer Mutter und wird ihre Treue und ihr Mitgefühl auch von sich aus und ohne jeden Zwang anbieten. Zieht man sie jedoch in emotionale Auseinandersetzungen hinein und zwingt sie dazu, sich zwischen ihren Eltern zu entscheiden, so würde das ihr Selbstvertrauen untergraben und es ihr schwer machen, ihre eigenen Gefühle zu schätzen und ihnen zu vertrauen. Ihre Empfänglichkeit für die Gefühle ihrer Mutter könnte sie leicht dazu verleiten, sich für jedes unglückliche Gefühl, das sie bei ihr wahrnimmt, verantwortlich zu fühlen – selbst wenn dieses Unglück hauptsächlich auf die eigenen Entscheidungen oder das eigene Verhalten der Mutter zurückgeht. Das verfeinerte, schöne Wesen dieser ganz besonderen Beziehung verdient möglichst viel Ehrlichkeit, Integrität und Aufmerksamkeit; dann kann sie die Mutter, die sie so sehr liebt, auch wirklich schätzen, anstatt sich ihr nur verpflichtet zu fühlen.

IV. Ängste und Unsicherheiten

1. Die Angst, zu niemandem zu gehören

Wie man angesichts ihrer Besorgtheit um andere und ihrer Identifizierung mit ihnen erwarten darf, braucht sie das Gefühl der Verwurzelung in der Kontinuität und Vergangenheit ihrer Familie. Wie unabhängig sie manchmal auch scheinbar sein mag, unbewusst erwartet sie, dass ihre Familie die dauerhafte und unzerstörbare Realität schlechthin darstellt. Sie erwartet von der Familie die Gewissheit, dass sie an einen bestimmten Platz gehört und immer wieder nach Hause zurück kommen kann, wohin ihr Leben sie auch führen mag. Wenn sie heranwächst, wird sie daher nicht nur ein besonderes Interesse für die Geschichte ihrer Eltern, sondern auch für die der Großeltern und Urgroßeltern und selbst noch entfernter Verwandter zeigen. Doch gleichzeitig ist sie sich instinktiv auch der Gefahren bewusst, die es mit sich bringt, im Gefühl der eigenen Identität von der Familie abhängig zu sein. Ihre in der Entwicklung befindliche Individualität wird durch unbewusste emotionale Erwartungen und Forderungen bedroht, die auf die Mythen der Familie zurückgehen. Sie ist zwar noch sehr jung, doch sie ist sich zutiefst der Tatsache bewusst, dass ihre Freiheit, sich einen eigenen Lebensweg zu suchen, umso geringer ist, je stärker sie sich an den Geist der Familie bindet. Daher könnten ihre Gefühle in Bezug auf ihre Familie recht konfliktgeladen sein, so dass sie möglicherweise gegen deren Werte und Erwartungen ankämpft, wenn sie älter wird. Vor allem könnte sie versuchen, ihren Willen gegenüber ihrem Vater zu behaupten – nicht, weil ihr Vater irgendetwas falsch gemacht hätte, sondern weil der Vater für sie ein Symbol für die Kontinuität der Vergangenheit und die Stabilität der Gegenwart ist.

Man kann von keinem Kind erwarten, dass es mit einem solchen Konflikt spielend zurechtkommt, und auch die meisten Erwachsenen dürften kaum dazu in der Lage sein. Wahrscheinlich ist sie sehr bekümmert und erregt über ihre eigenen verwirrten Gefühle und Verhaltensweisen. Sie sehnt sich danach, sich in der Familientradition sicher und geborgen zu fühlen, befürchtet aber zugleich, von der Familie abgelehnt zu werden. Doch sie muss sich von der emotionalen Identifizierung mit der Familie lösen, um ihre eigenen Ziele und Werte zu finden. Wahrscheinlich zeigt sie bestimmte Abwehrmechanismen gegen ihre tiefe Angst, ausgestoßen zu werden – denn gerade dies nimmt sie jedes Mal unbewusst vorweg, wenn sie versucht, ihre eigene Identität gegenüber der Familie zu behaupten. Vielleicht versucht sie sich auch durch einen etwas frühreifen Gebrauch ihrer intellektuellen Fähigkeiten von ihren emotionalen Bindungen zu distanzieren. Indem sie sich für intelligenter hält als die anderen Familienmitglieder und Interessen pflegt, die sie nicht mit ihr teilen, könnte sie sich die Illusion schaffen, emotional unabhängig von ihnen zu sein. Wenn sie älter wird, könnte sie die gesellschaftliche und materielle Position der Familie ebenso ablehnen wie deren Werte und sich einer Gruppe Gleichaltriger anschließen, die einen anderen sozialen Hintergrund repräsentiert. Mit dem Versuch der Identifikation mit einer Gemeinschaft, die sich radikal von ihrer eigenen Herkunft unterscheidet, könnte sie nach einem Gefühl der Unabhängigkeit streben, während sie gleichzeitig die Sicherheit der Gruppe als Ersatzfamilie braucht.

Da sie große Angst hat zu versagen, braucht sie die Zustimmung der Familie – und besonders ihres Vaters – als Bestätigung ihres eigenen Wertes. Doch ebenso gut könnte sie sich gegen diese Abhängigkeit von der Bestätigung durch die Familie wehren; dann würde sie – offen oder auf subtile Weise – ihre eigene Stellung innerhalb der Familie untergraben und unbewusst dafür sorgen, dass sie die Hoffnungen und Erwartungen der Eltern durchkreuzt – selbst wenn diese mit ihren eigenen Hoffnungen und Erwartungen übereinstimmen. Möglicherweise ist sie zutiefst verwirrt über ihr eigenes widersinniges Verhalten, denn sie braucht dringend Lob und Bestätigung – nicht nur dafür, dass sie irgendetwas gut gemacht hat, sondern dafür, wer sie wirklich ist. Doch sie könnte es den Eltern durch ihr Verhalten schwer machen, ihr dieses Lob und diese Bestätigung zuteilwerden zu lassen.

2. Mit der eigenen Herkunft leben lernen

Hinter ihren sehr persönlichen Verteidigungsmechanismen verbirgt sich ein fundamentales menschliches Dilemma. Die Familie ist sowohl unsere grundlegende soziale Einheit als auch die Quelle erster Erfahrungen von Liebe, Rivalität, Trennung, Kommunikation und des Miteinander-Teilens. Die Psychologie hat die Bedeutung der Familie für die individuelle Entwicklung immer besonders hervorgehoben – wenngleich weisere Psychologen auch betont haben, dass die Zukunft eines Menschen in Wirklichkeit nicht von dem bestimmt wird, was seine Familie getan oder unterlassen hat, sondern eher davon, was er aus seiner Vergangenheit macht. Für sie ist die Familie der Anfang von allem, und ihr Gefühl der eigenen Stabilität hängt stark davon ab, dass sie eine Vergangenheit besitzt und in einer Reihe vieler Generationen von Menschen steht, die durch Blutsverwandtschaft und gemeinsame Erfahrungen miteinander verbunden sind. Ohne dieses Bewusstsein einer Vergangenheit kann sie nicht vorwärts in die Zukunft schreiten, und deshalb hat sie ein großes Bedürfnis, sich als Teil einer engen familiären Einheit zu empfinden Doch die Familie kann auch der wichtigste Schauplatz von Angst, Schmerz und Betrug sein. Negative Abläufe, die es selbst innerhalb der liebevollsten und besten Familie gibt, können ebenso destruktiv sein wie eine körperliche Verletzung und halten in ihrer Wirkung möglicherweise sehr viel länger an. Das weiß sie auf einer tieferen Ebene und vertraut weder ihrer Familie noch ihrem eigenen Bedürfnis nach ihr völlig. Diese Furch wurzelt in einem allgemeinen menschlichen Problem und keineswegs nur in ihrer lebhaften Phantasie.

Das Leben stellt uns alle vor bestimmte Herausforderungen, und sie wird auf die eine oder andere Weise während ihrer ganzen Kindheit und auch ihr ganzes Erwachsenenleben lang mit der Herausforderung zu tun haben, die ihre Familie und ihr Verhältnis zu ihr für sie darstellen. Wenn die Eltern ihr helfen wollen, die Kräfte und Mittel zur Bewältigung dieser Herausforderung zu finden, so am besten, indem sie sich selbst deutlicher bewusst werden, was die Familie für sie bedeutet. Erwartet man von ihr, es einfach als gegeben hinzunehmen, dass die Familie immer recht hat und gut ist, und erlaubt man ihr nie, die Dynamik innerhalb der Familie zu hinterfragen oder ihre Autorität zu bezweifeln, so wird das ihre Zuversicht schwächen und es ihr auf ihrem Weg ins Erwachsenenleben sehr schwer machen, auf sich selbst zu vertrauen. Der Groll und die Wut, die daraus entstehen, könnten sie dann schließlich der Familie entfremden, was für sie selbst sehr schmerzlich wäre. Die Eltern sollten ihr gegenüber ehrlich, einsichtig und dazu bereit sein, sich eher realistisch als sentimental mit bestimmten Dingen innerhalb der Familie auseinanderzusetzen – auch wenn das bedeuten mag, offen und fair über konventionell nicht akzeptable Themen wie z. B. eine Trennung, eine Scheidung oder die „Sündenböcke“ in der Familie zu sprechen. Auf der Grundlage einer solchen ehrlichen Kommunikation wird sie dann ein Gefühl echten Vertrauens aufbauen können. Dieses Vertrauen zu ihrer Familie ist für sie von entscheidender Bedeutung, da ihre Liebe und Loyalität der Familie gegenüber sehr groß sind und sie immer in der Hoffnung nach Hause zurückkommen wird, einen vertrauten Platz zu finden, der ihr Sicherheit, Wärme und Integrität bietet.

V. Ausblick auf die Zukunft

1. Die Rhythmen des täglichen Lebens

Sie ist fasziniert von anderen Menschen und hat außerdem ein lebhaftes Interesse an der Welt des Gegenständlichen. Die Einzelheiten des Alltags und die Details alltäglicher Dinge sind besonders wichtig für sie. Außerdem kann sie sich endlos damit beschäftigen, wie bestimmte Dinge gemacht oder hergestellt werden. Sie wird stets versuchen, alles, was sie lernt – wie schöpferisch oder abstrakt es auch sein mag -, mit der Realität des alltäglichen Lebens in Verbindung zu bringen. Folglich wird sie sich, wenn sie älter wird, am meisten für Hobbys und Studien interessieren, die zu praktisch anwendbaren Fähigkeiten führen. Auch Dinge herzustellen könnte sich für sie als überaus faszinierend erweisen, und in der Schule mag sie den Werkunterricht oder naturwissenschaftliche Fächer – Bereiche also, in denen sie mit ihren Händen arbeiten, herumexperimentieren und praktische Ergebnisse sehen kann – gegenüber abstrakteren Wissensgebieten bevorzugen. Sie ist ausgesprochen empfänglich für die Atmosphäre, in der das Lernen stattfindet, und mag sich hauptsächlich auf den emotionalen Austausch mit interessierten Lehrern und auf die Unterstützung der Eltern verlassen, um ihren Interessen zuversichtlich nachgehen zu können. Sie nimmt sehr viel von dem wahr, was in ihrer Nähe vor sich geht, doch es mag ihr schwer fallen, ihre Einsichten in Worte und Begriffe zu fassen. Die besten Ergebnisse wird deshalb ein von Sympathie bestimmter Austausch zwischen ihr und den Lehrern in einer Schule bringen, die klein genug ist, um eine individuelle Förderung der Kinder zuzulassen.

Sie ist sehr unabhängig in ihrem Denken und muss auch die Möglichkeit haben, bestehende Ideen in Frage zu stellen, um ihre geistigen Kräfte zu erproben. Stark strukturierte Lehr- und Lernmethoden, die keine originelle Herangehensweise zulassen, könnten sich für sie als problematisch erweisen. Sie braucht die Möglichkeit, sowohl individuellen Projekten nachzugehen und Anerkennung für ihre kreativen Bemühungen zu finden als auch am Ende gute Noten zu bekommen.

Ihre Feinfühligkeit gegenüber anderen bedeutet, dass sie während ihrer Schulzeit sehr viel Wärme, Interesse und Unterstützung von den Eltern brauchen wird. Loben Sie sie großzügig, wenn sie einigermaßen gut ist; nicht erst, wenn sie Auszeichnungen gewinnt. Keinesfalls sollte man sie kalter Kritik oder destruktiven Vergleichen mit anderen Kindern unterziehen, wenn sie hin und wieder einmal den Erwartungen der Eltern nicht gerecht wird. Am meisten wird sie in einer entspannten schulischen Umgebung erreichen, in der das Kind ebenso viel zählt wie seine schulischen Leistungen.

Vor allem wird sie ihre lebhafte Neugier in Bezug auf das Leben aus sinnvollem Lernen größeren Nutzen ziehen lassen als aus akademischen Errungenschaften. Es wurde schon gesagt, dass man mit Intelligenztests sehr gut bestimmen kann, ob ein Kind bei Intelligenztests gut ist, aber dass man echte Intelligenz so nicht messen kann. Sie mag in der Schule gut sein, weil sie klug genug ist, um zu wissen, dass man auf diese Weise im Leben besser vorwärts kommt. Doch es ist sehr wichtig, sie dazu zu ermutigen, einen Weg in eine sinnvolle Zukunft zu finden, damit sie ihre Fähigkeiten eines Tages in Bereichen einsetzen kann, die sie begeistern und inspirieren. Solch eine realistische und menschliche Bildung würde ihr das Lernen zur Freude machen und nicht zu einer lästigen Pflicht, die getan werden muss, weil andere es von ihr verlangen.

2. Die Suche nach der Ordnung im Leben

Wenngleich sie während ihrer Kindheit zuweilen widersprüchliche Verhaltensweisen an den Tag legen mag, wird sie doch, bewusst oder unbewusst, ihr ganzes Leben lang nach dem Gefühl streben, dass die Welt geordnet, strukturiert und von einer gegenseitigen Verbundenheit aller Dinge durchdrungen ist. Letztlich wird sie dieser Suche nach Verbundenheit mit den grundlegenden Rhythmen des Lebens in der materiellen Welt nachgehen, und deshalb wird sie gerade durch die Beschäftigung mit greifbaren Dingen – z. B. der Natur, dem Körper, Handwerk und künstlerischer Arbeit – jenem Gefühl von Genauigkeit und Klarheit am nächsten kommen, das dem Chaos im Leben Sinn gibt und die Erfahrung einer allem zugrundeliegenden Harmonie vermittelt.

Ihre reiche Vorstellungsgabe wird nie von Zynismus überschattet werden und ihr stets dabei helfen, auch den gewöhnlichsten und schwierigsten Umständen noch optimistisch und hoffnungsvoll zu begegnen. Sie besitzt die Gabe, in einfachen Dingen Schönheit und Sinn zu finden. Rastlos und ungeduldig, wie sie manchmal, mag sie ihre Ziele auf dem Weg ins Erwachsenenleben mehrfach ändern und sehr viel Zeit auf die Suche nach einem Betätigungsfeld verwenden, das ihr sowohl Herausforderungen bieten als auch Zufriedenheit geben kann. Dies wird am ehesten in Bereichen zu finden sein, in denen sie ihr reiches Phantasieleben in konkrete Formen umsetzen kann, die nicht nur schön sind, sondern auch anderen helfen können.

Wenn es nur eine Erkenntnis gäbe, die ihre Eltern in Bezug auf sie zu ihrem eignen Vorteil gewinnen sollten, so wäre es die, dass sie hier und jetzt in dieser Welt lebt. Wie lebhaft ihre Vorstellungsgabe auch sein mag, die Qualität ihres täglichen Lebens – ihre Umgebung, ihre persönlichen Beziehungen, ihre alltäglichen Aufgaben und Pflichten – wird für sie immer an oberster Stelle stehen. „Eines Tages ...“ wird ihr nicht genügen, denn für sie zählt jeder Tag, und zukünftige Versprechungen und Möglichkeiten werden ihr nie echten Ersatz für eine Gegenwart bieten können, die von Unordnung, Betrügereien oder Konflikten gekennzeichnet ist. An der Schwelle zum Erwachsenenalter werden ihr Bedürfnis nach Ordnung und Rhythmus und ihre Abscheu vor Chaos und Destruktivität immer stärker hervortreten und sowohl ihre Berufswahl als auch die Art und Weise beeinflussen, wie sie auf das Leben reagiert. Ihr innerer Geist ist klar, verfeinert und anmutig. Sie verfügt über das Potential, eine natürliche, instinktive Heilerin zu werden – leicht verletzbar durch die Grobheit der Welt, aber immer in der Lage, einen Weg zu finden, um das Leben für andere und für sich selbst wieder in geordnete Bahnen zu lenken.

Printed by Books on Demand GmbH, Norderstedt / Germany